Steffen Raßloff

Kleine Geschichte Sachsen-Anhalts

Rhino Westentaschen-Bibliothek
Band 89

Steffen Raßloff

Kleine Geschichte **Sachsen-Anhalts**

RHINOVERLAG

Trotz gewissenhafter Bearbeitung kann eine Haftung für den Inhalt nicht übernommen werden. Für aktuelle Ergänzungen und Anregungen ist der Verlag jederzeit dankbar. Wir bedanken uns bei allen, die uns unterstützt haben.

Fotos: Seite 2: Vereinigte Domstifter zu Merseburg und Naumburg und des Kollegiatstifts Zeitz, Bildarchiv Naumburg, Foto: Matthias Rutkowski; Seite 7: Wolkenkratzer, CC BY-SA 4.0; Seite 9: M_H.DE, CC BY 3.0; Seiten 11 u. 13: Landesamt für Denkmalpflege und Archäologie Sachsen-Anhalt, Andrea Hörentrup, Juraj Lipták; Seite 16: Autor1956, CC BY-SA 3.0; Seite 19: Avda, CC BY-SA 4.0; Seiten 22/23: Prinz Wilbert, CC BY-2.0; Seite 25: PtrQs CC BY-SA 4.0; Seite 27: Kulturhistorisches Museum Magdeburg; Seiten 29, 39, 63, 82: Lutz Gebhardt; Seite 31: David Meisel, CC BY-SA 2.0; Seite 34: Jürgen Meusel, Touristinformation Ballenstedt; Seite 36: Wolkenkratzer, CC BY-SA 3.0; Seite 41: KsDW, Bildarchiv, Heinz Fräßdorf; Seite 43: Georgheeg, CC BY-SA 3.0 de; Seite 45: FrankBothe, CC BY-SA 3.0; Seite 46: Touristinformation Merseburg, Foto: Falko Matte; Seiten 49 u. 61: Andreas Thum CC BY-SA 3.0; Seite 51: Tilman2007, CC BY-SA 4.0; Seite 53: Marcus Singer, CC BY-SA 4.0; Seite 55: W. Bulach, CC BY-SA 4.0; Seite 59: Torsten Maue, CC BY-SA 2.0; Seiten 64/65: PaulT (Gunther Tschuch) CC BY-SA 4.0; Seite 67: Timo Pilgram, CC BY-SA 3.0 de; Seite 69: Andreas Praefcke, CC BY 3.0, Seite 71: Foto Fitti, CC BY-SA 3.0; Seite 76: Vascosommernunes CC BY-SA 4.0; Seite 79: Iqmanuelnavarro, CC BY-SA 2.5; Seite 81: Bergfalke2, CC BY-SA 3.0; Seiten 84/85: Joeb07, CC BY 3.0; Seite 87: Zinoural, CC BY-SA 3.0; Seite 91: Harzer-Junge, CC BY-SA 4.0; Seite 92: Wolfgang Pehlemann, CC BY-SA 3.0 de

Titelbild: Ravensteins Spezialkarte des Deutschen Reichs, Regierungsbezirk Magdeburg Karte Nr. 37, 1:300.000, Neue Bearbeitung nach amtlichen Karten von Hans Ravenstein, Autor: Hans Ravenstein (ca. 19717–1922): Wikimedia Commons, public domain

Rückseite: Wappen des Landes Sachsen-Anhalt

Impressum

Am Hang 27, 98693 Ilmenau
Tel.: 03677/46628-0, Fax: 03677/46628-80
www.RhinoVerlag.de

Layout, Satz:	Ute Schmidt, Geraberg
Schrift:	Aldine401 BT
Titelgestaltung:	Jana Rogge, Weimar

1. Auflage 2022

ISBN: 978-3-95560-089-1

Inhaltsverzeichnis

Junges Land mit großer Geschichte

Sachsen-Anhalt zählt zu den jüngsten der deutschen Bundesländer. Erstmals existierte es, hervorgegangen aus der preußischen Provinz Sachsen und dem kleinen Land Anhalt, von 1945 bis 1952 und trat endgültig mit der Wiedervereinigung Deutschlands 1990 ins Leben. Schon die Provinz Sachsen von 1815 hatte als „wunderliches Gewirr" historischer Gebiete gegolten. Diese reichten von der altpreußischen Altmark über die einst geistlichen Herrschaften Magdeburg und Halberstadt bis in den kursächsischen Süden mit den alten Bischofsstädten Merseburg und Naumburg.

Wenn seine Territorien auch lange eigene Wege gingen, kann Sachsen-Anhalt gleichwohl auf eine große Geschichte zurückblicken. Das machen schon die außergewöhnlich vielen UNESCO-Weltkulturerbestätten deutlich: Stiftskirche, Schloss und Altstadt in Quedlinburg, Naumburger Dom, Luthergedenkstätten in Eisleben und Wittenberg, Gartenreich Dessau-Wörlitz und Bauhaus Dessau. Dies wirkt integrierend auf das junge Land mit seinen beiden geschichtsträchtigen Metropolen Halle und Magdeburg.

Einen spektakulären Auftakt bietet die Vorgeschichte mit der Himmelsscheibe von Nebra im Landesmuseum Halle. Unter den ottonischen Königen und Kaisern rückte die Region um Quedlinburg und Magdeburg zum glanzvoll ausgebauten

---

UNESCO-Welterbe Naumburger Dom

Machtzentrum des entstehenden Deutschen Reiches auf. Später hat das „Lutherland“ um Eisleben, Mansfeld und Wittenberg als „Kernland der Reformation“ Weltgeschichte geschrieben.
Schutzherren Luthers waren die Kurfürsten von Sachsen aus dem Hause der Wettiner, die die Geschichte Sachsen-Anhalts lange mitbestimmten, ehe sie von den preußischen Hohenzollern verdrängt wurden. Ein relativ kleiner Bestandteil ist Anhalt, das jedoch dank seiner reichen Historie zu Recht im Landesnamen verankert ist. Das Herrschergeschlecht der Askanier hat von Albrecht dem Bären über Katharina die Große und Bach-Freund Leopold bis hin zum „Alten Dessauer“ und „Fürst Franz“ mit seinem Wörlitzer Park große Persönlichkeiten hervorgebracht.
Darüber hinaus hat die Region der Weltkultur von Magdeburger Dom und Halberstädter Domschatz über Franckesche Stiftungen und Georg Friedrich Händel bis hin zum Dessauer Bauhaus wichtige Impulse verliehen. Hinzu kommt die moderne Industrieregion mit Magdeburger Maschinenbau, Dessauer Junkers-Flugzeugen und Chemiedreieck Leuna-Buna-Bitterfeld. Sie profitierte von

Ressourcen wie Braunkohle, Kupfer, Salz und einer ertragreichen Landwirtschaft. Die historischen Entwicklungen wurden stets auch vom Naturraum um die großen Flüsse Elbe und Saale sowie den sagenumwobenen Harz mitbestimmt.

Denkmal für Zarin Katharina die Große in Zerbst

Ur- und Frühgeschichte

Schon die Anfänge der Geschichte Sachsen-Anhalts bieten außergewöhnliche Highlights, die in einem der renommiertesten archäologischen Museen Deutschlands präsentiert werden. Seit 1913 lädt das Landesmuseum für Vorgeschichte in Halle zum Besuch. Der imposante Bau spielt auf die Porta Nigra in Trier an. Das Museum geht zurück auf das 1882 gegründete preußische Provinzialmuseum und wird heute vom Landesamt für Archäologie und Denkmalpflege Sachsen-Anhalt getragen.

Dort werden Schlaglichter auf unsere Vorfahren seit der Altsteinzeit geworfen. Unter den Grabungsfunden ragen die aus Bilzingsleben in Nordthüringen mit den frühesten Spuren des Homo erectus in Europa vor ca. 370.000 Jahren heraus. Wichtige Exponate weisen auch auf den Altmenschen hin, wie aus der Fundstelle Neumark-Nord vor 200.000

Jahren und Königsaue vor 125.000 Jahren. Auch Zeugnisse des den Neandertaler verdrängenden Jetztmenschen vor ca. 30.000 Jahren finden sich. Den bahnbrechenden Schritt vom Jäger und Sammler zum Ackerbauern und Viehzüchter vollzog sich in der Jungsteinzeit. Die „neolithische Revolution" begann im 9. Jahrtausend v. Chr. in

---

Landesmuseum für Vorgeschichte Halle

Kleinasien. Um 5500 v. Chr. tauchen die ersten sesshaften Bauern in der fruchtbaren Magdeburger Börde mit dem Harzvorland und im Saale-Unstrut-Raum auf. Die Funde zeugen von differenzierteren sozialen Verhältnissen und kulturellen Fortschritten. Hierfür steht das „Sonnenobservatorium“ von Goseck (ca. 4800 v. Chr.) bei Naumburg, eine Kreisgrabenanlage mit Palisaden, die vermutlich als Versammlungs-, Handels-, Kult- und Gerichtsplatz diente. Einen weiteren wichtigen Schub erhielt die Zivilisation mit der Bronzezeit seit der ersten Hälfte des 2. Jahrtausends v. Chr. Aus dem seit längerem bekannten Kupfer gewann man durch die Legierung mit Zinn das härtere Material Bronze. Damit wurde die Effektivität von Werkzeugen und Waffen erhöht. Von der fortgeschrittenen Kultur zeugt die „Himmelsscheibe von Nebra“ als älteste konkrete Himmelsdar-

Himmelscheibe von Nebra im Landesmuseum für Vorgeschichte Halle

stellung. Sie gilt als einer der spektakulärsten Funde in der Geschichte der Archäologie.

Jene Himmelsscheibe wurde ca. 1600 v. Chr. auf einem Berg nahe der Stadt Nebra vergraben. Der 1999 entdeckte Schatz umfasste noch zwei Schwerter, zwei Beile, einen Meißel und zwei Armspiralen von hoher Qualität. Untersuchungen ergaben, dass die um 1800 v. Chr. angefertigte Scheibe bis zu ihrer „Bestattung" über einen längeren Zeitraum hinweg genutzt und mehrfach umgestaltet wurde.

Die goldenen Einlagen auf dem bronzenen Untergrund zeigen den Himmel mit Vollmond bzw. Sonne, Halbmond und den Plejaden. Die Scheibe speicherte damit astronomisches Wissen, das für die Berechnung wichtiger Daten wie Winter- und Sommersonnenwende sowie Ernte- und Aussaatzeit nötig war. Sie steht aber auch als eine buchstäbliche „Sternstunde der Menschheit" für die Anfänge der Wissenschaft überhaupt.

Experten deuten die Scheibe zugleich als Prestigeobjekt der Herrscher eines Großreiches, das zu den ersten europäischen Staaten gehört haben könnte. Nach einem Fundort nahe Prag spricht man vom Reich von Aunjetitz. Dessen Kern war das „Reich von Nebra" mit weiteren bedeutenden

Funden, wie den Fürstengräbern von Leubingen, Bornhöck, Nienstedt, Helmsdorf und Evessen.
Material und Form der Himmelsscheibe deuten schon auf weitgespannte Kultur- und Handelsbeziehungen von England bis in den Nahen Osten hin. Die rituelle Niederlegung der Scheibe um 1600 v. Chr. durch den letzten Fürsten von Aunjetitz könnte das Ende dieser ersten Hochkultur auf dem Gebiet Sachsen-Anhalts markieren. Selbst aus den jungsteinzeitlichen Glockenbecher- und Schnurkeramik-Kulturen hervorgegangen, folgte nun auf die Aunjetitz-Kultur die Hügelgräber-Kultur.
Die Entdeckung der Himmelsscheibe und deren Sicherung waren kaum weniger spektakulär als der Fund selbst. Raubgräber hatten sie 1999 auf dem Mittelberg nahe Nebra entdeckt. Nachdem der Fund auf dem Schwarzmarkt kursierte, konnte ihn Landeskonservator Harald Meller mit der Kriminalpolizei 2002 in einem Basler Hotel sicherstellen. Nach Restaurierung und Erforschung, die weltweit für Aufsehen sorgte, erhielt die Himmelsscheibe 2008 im Landesmuseum ihren großen Auftritt.

Auch die Fundstelle des zum UNESCO-Weltdokumentenerbe zählenden Schatzes ist erlebbar. Eine Edelstahlscheibe markiert als „Himmelsauge“ den Fundplatz, neben dem ein astronomischer Aussichtsturm steht. Von hier führt ein Weg zum Besucherzentrum „Arche Nebra“.

„Himmelsauge“ auf dem Mittelberg

Der Mittelberg diente vermutlich als Observatorium, wo die Scheibe zur Anwendung kam.
Letzte der drei großen ur- und frühgeschichtlichen Epochen ist die Eisenzeit bis zur Zeitenwende, in der erstmals bei antiken Autoren zwei große „barbarische“ Volksstämme auftauchen, die Kelten und Germanen. Sachsen-Anhalt gehörte zum germanischen Siedlungsgebiet und fiel im Zuge der Völkerwanderung größtenteils an das Königreich der Thüringer.

531 ging das Thüringer Reich nach einer verheerenden Niederlage an der Unstrut im Reich der Franken auf. Große Teile Sachsen-Anhalts blieben jedoch vorerst noch im Rahmen des germanischen Stammes der Sachsen im heutigen Niedersachsen unabhängig. Erst unter Karl dem Großen, der 800 mit seiner Krönung in Rom den Grundstein für das spätere deutsche Kaiserreich legte, wurden auch die Sachsen in blutigen Kriegen unterworfen.

Machtzentrum des Reiches

Mit dem Tode Kaiser Karls des Großen 814 setzte der Zerfall des fränkischen Großreiches ein. Nach dem Vertrag von Verdun 843 mit der Dreiteilung unter Karls Enkel bildete sich aus dem westlichen Teil das Königreich Frankreich und aus dem östlichen Teil das römisch-deutsche Kaiserreich heraus. Das erste deutsche Herrscherhaus waren die Könige und Kaiser des (nieder-)sächsischen Herzogsgeschlechtes der Ottonen von 919 bis 1024.

Sachsen-Anhalt stellte in jener Epoche den Kernraum der königlichen Zentralgewalt. Herzog Heinrich I. rückte 919 zum ersten nichtfränkischen König in Ostfranken auf und kann als Begründer des Deutschen Reiches angesehen werden. Sein Sohn Otto der Große erneuerte 962 in Rom das nunmehr an das Deutsche Reich gekoppelte römische Kaisertum. Hieraus ent-

wickelte sich das bis 1806 existierende Heilige Römische Reich Deutscher Nation.
Die Herzöge von Sachsen besaßen ihren Herrschaftsschwerpunkt im mittleren Elbe-Saale-Raum, im Harzumland und in Nordthüringen. Zu den häufigsten Aufenthaltsorten und Schau-

Stiftskirche St. Servatius auf dem Schlossberg von Quedlinburg

plätzen wichtiger Entscheidungen gehörten neben Quedlinburg, Merseburg und Magdeburg die Pfalzen Allstedt, Tilleda, Wallhausen und Memleben. Jene Blütezeit ist heute erlebbar in der Burg Allstedt, im Freilichtmuseum Königspfalz Tilleda und im Museum Kloster und Kaiserpfalz Memleben.

Für Heinrich I. besaß Quedlinburg besondere Bedeutung, welches er als mittelalterlicher „Reisekönig" ohne dauerhafte Residenz auf seinen Zügen durch das Land häufig besuchte. Ausdruck für die bevorzugte Stellung war das Verbringen hoher kirchlicher Feiertage, allen voran des Osterfestes. Schon 919 soll Heinrich die Botschaft von seiner Wahl zum König am „Haus zum Finkenherd" überbracht worden sein, als er sich gerade mit dem Vogelfang beschäftigte.

Die Burgkapelle der einstigen Königspfalz wurde 936 von der Königinwitwe Mathilde in die Stiftskirche St. Servatius umgewandelt. Dort fand der König seine letzte Ruhestätte. Die später mehrfach überformte romanische Stiftskirche wird auch als Quedlinburger Dom bezeichnet, was auf die Bedeutung des hochadligen Damenstiftes verweist.

Im Dritten Reich wurde die Kirche als „Weihestätte“ missbraucht. Unter Reichsführer Heinrich Himmler fanden in dem pseudoromanisch umgebauten Kirchenraum Veranstaltungen der SS statt. Das imposante Ensemble von Schlossberg und Stiftskirche sowie die weitgehend erhaltene Altstadt Quedlinburgs mit ihren zahlreichen Fachwerkhäusern gehören seit 1994 zum UNESCO-Weltkulturerbe.

Das heutige Sachsen-Anhalt begann unter den Ottonen aus seiner Randlage in das Zentrum des Deutschen Reiches zu rücken. Seit 929 hatten die Deutschen unter Heinrich I. ihre Herrschaft auf die slawischen Gebiete bis zu Oder und Neiße ausgeweitet. Dies gilt als Beginn der deutschen Ostkolonisation und Christianisierung. Kaiser Otto der Große griff diese Entwicklung mit großen Visionen auf. So wie sein Vater Quedlinburg bevorzugt hatte, erwählte er sich nunmehr Magdeburg zum aufwändig ausgebauten Lieblingssitz. 968 richtete Otto das Erzbistum Magdeburg zur Christianisierung der Slawen ein. Diesem untergeordnet waren die neuen Bistümer Merseburg, Zeitz und Meißen im südlichen und die bereits

Magdeburg
mit seinem imposanten Dom

948 gegründeten Bistümer Havelberg und Brandenburg im nördlichen Missionsgebiet. Hiervon ausgehend sollte das Erzbistum weit in den „heidnischen“ Osten wirken.

Magdeburg rückte zum Herrschaftsmittelpunkt Kaiser Ottos des Großen auf, der im Magdeburger Dom zu Grabe liegt. Der Dom St. Mauritius und Katharina wurde nach der Verlegung des Moritzklosters zur Kathedrale des Erzbistums. Später formte man ihn zum ersten gotischen Kirchenbau in Deutschland um. Otto ließ zur Ausgestaltung als Zeichen seines imperialen Machtverständnisses eigens Bauteile aus Italien heranschaffen.

Die großen Pläne für das Erzbistum Magdeburg ließen sich allerdings nicht umsetzen. Bei einem Aufstand der Slawen 983 gingen die Bistümer Havelberg und Brandenburg vorerst wieder verloren. Bis zur Errichtung der Mark Brandenburg unter Albrecht dem Bären im 12. Jahrhundert konnten die Slawen dort ihre Unabhängigkeit behaupten. Zugleich suchten sich die Nachfolger Ottos neue Machtzentren und wurde unter Otto III. im Jahr 1000 ein polnisches Erzbistum in Gnesen gegründet. Das Erzstift Magdeburg, das weltliche Herr-

schaftsgebiet der Erzbischöfe, entwickelte sich dennoch zu einem wichtigen Reichsstand.
Große Ausstellungen des Kulturhistorischen Museums Magdeburg zu Kaiser Otto dem Großen und der ottonischen Königslandschaft des

---

Kirche des Damenstifts Gernrode

10. Jahrhunderts sind Ausdruck der Bedeutung für das historische Selbstverständnis Sachsen-Anhalts. Magdeburg gab sich sogar den Beinamen „Ottostadt“, der zugleich an Otto von Guericke erinnert.
Als das wohl bekannteste Symbol jener frühen Blütezeit gilt der „Magdeburger Reiter“ vor dem Rathaus. Das einzige freistehende Reiterstandbild des Hochmittelalters in Europa, bereits um 1240 entstanden, zeigt vermutlich Kaiser Otto I. Es steht heute im Kulturhistorischen Museum Magdeburg, auf dem Alten Markt ist eine vergoldete Kopie zu sehen.
Auch Mitstreiter und Chronisten der Ottonen haben eindrucksvolle Spuren hinterlassen. Markgraf Gero gehörte zu den wichtigsten Kämpfern bei der Unterwerfung der Slawen. Mit dem 959 gegründeten Damenstift Gernrode und dessen Stiftskirche zeichnet er für ein herausragendes romanisches Kulturdenkmal verantwortlich. Die Chronik Bischof Thietmars von Merseburg aus dem frühen 11. Jahrhundert gilt als eine der wichtigsten Quellen zur Ottonen-Zeit. Zugleich hat Thietmar den Aufstieg Merseburgs zu einer glanz-

vollen Bischofs- und Residenzstadt eingeleitet, wovon der 1015 begonnene Dom mit seiner Schatzkammer zeugt.

Original des „Magdeburger Reiters“ im Kulturhistorischen Museum

Wurzeln der Wettiner

Die Geschichte Sachsen-Anhalts ist eng mit der Thüringens verbunden. So erstreckte sich das machtvolle Königreich der Thüringer im 5. und 6. Jahrhundert bis in die Altmark. Liegt jenes, bereits 531 untergegangene Reich, freilich weitgehend im Dunkel der Geschichte, so hat die ludowingische Landgrafschaft Thüringen im 12. und 13. Jahrhundert viele Spuren im südlichen Landesteil hinterlassen. Heraus ragt hierbei die stolze Landgrafenburg Neuenburg bei Freyburg an der Unstrut mit ihrer einzigartigen Doppelkapelle.

Es war jedoch das Adelsgeschlecht der Wettiner, das bis weit in die Neuzeit die Region mit prägen sollte. Um 1500 verfügte es über eines der mächtigsten Territorien des Reiches. Als Markgrafen von Meißen hatten sie sich seit 1089 die Herrschaft über Sachsen erkämpft, 1247 erwarben die Wettiner nach dem Aussterben der Ludowinger die Landgrafschaft Thüringen und 1423 wurden sie mit dem Herzogtum Sachsen-Wittenberg in den Kurfürstenstand erhoben. 1519 brachte man Kurfürst Friedrich den Weisen sogar als Kaiser ins Spiel. Sein Bruder Ernst konnte als Erzbischof von Magdeburg und Bischof von Halberstadt den Einfluss auf fast das ganze heutige Bundesland ausdehnen.

Neuenburg über dem Unstruttal bei Freyburg

In der im Zeitalter Augusts des Starken im „Elbflorenz“ Dresden kulminierenden Erfolgsgeschichte der Wettiner gerät deren Herkunft aus Sachsen-Anhalt bisweilen in Vergessenheit. Kernraum des alten Geschlechtes war wohl das Harzumland. Als möglicher ältester Vorfahre wird um 875 ein Graf Friedrich aus dem Harzgau genannt. Im Zuge der „Ostkolonisation“ unter den Ottonen im 10. Jahrhundert scheinen auch sie die Saale überschritten und sich im eroberten Slawengebiet etabliert zu haben. Namensgebender Stammsitz war die Burg Wettin über der Saale. Die heutige Stadt Wettin-Löbejün wird nach wie vor von dem imposanten Bauwerk beherrscht. 961 erstmals unter Otto dem Großen als „Vitin civitas“ urkundlich erwähnt, geht sie möglicherweise auf eine slawische Burganlage zurück. Nach der Einbeziehung in das Deutsche Reich wurde die Burg

Mittelpunkt eines Burgwards und fiel an die Wettiner. Ihre Stammburg verloren diese allerdings 1288 an den Erzbischof von Magdeburg.
Das geistig-kulturelle Leben des Mittelalters blieb lange Zeit an die Kirche gebunden. Die entstehenden Klöster waren zugleich wichtige Macht- und

Burg Wettin über der Saale

Wirtschaftsfaktoren. Deshalb traten auch die Wettiner als Klostergründer auf. 1124 errichteten Markgraf Konrad der Große und sein Bruder Dedo nahe Wettin auf einer Erhebung nördlich von Halle das Augustinerchorherren-Stift Petersberg (ursprünglich Lauterberg). In der romanischen Stiftskirche erinnert ein Kenotaph an den Gründervater Konrad von Wettin, der auch in Dresden symbolträchtig den „Fürstenzug" am Residenzschloss anführt.
Über Jahrhunderte blieben die wettinischen Kurfürsten und Könige in der Region präsent. Nach der Reformation dehnten sie mit den säkularisierten Hochstiften Naumburg/Zeitz und Merseburg ihren Besitz sogar noch erheblich aus. Im 17. und 18. Jahrhundert bestanden auf deren Gebiet sogenannte Sekundogenituren, Herzogtümer mit eingeschränkter Souveränität: Sachsen-Merseburg, Sachsen-Weißenfels und Sachsen-Zeitz. Sie entfalteten ein beachtliches Kulturleben und prägen mit ihren Schlössern und Parks das Stadtbild ihrer Residenzen. Der kursächsische Süden Sachsen-Anhalts fiel schließlich mit dem Wiener Kongress 1815 an das Königreich Preußen.

Anhalt und die Askanier

Parallel zum Aufstieg der Wettiner begann im 11. Jahrhundert der eines weiteren Adelsgeschlechtes, das eine kaum weniger mächtige Herrschaft aufbauen konnte. Die Askanier prägten als Herzöge von Sachsen(-Wittenberg) und Fürsten von Anhalt große Teile des heutigen Bundeslandes. Insbesondere aber begründeten sie unter ihrem legendären Stammvater Albrecht dem Bären von der Altmark ausgehend 1157 die Mark Brandenburg.

Die Kernlande der Askanier befanden sich zwischen Harz und Saale, ihre Hauptsitze waren die Burgen Ballenstedt, Aschersleben und Anhalt. Aschersleben, lateinisch Ascania, sollte für das Geschlecht namensgebend werden, während die Burg Anhalt 1212 dem Zweig der Fürsten von Anhalt ihren Namen verlieh. 1036 taucht mit Graf Esico der erste Vertreter schriftlich auf. Nach dem Tode des Grafen Adalbert von Ballenstedt 1080 kam es zur Herrschaftserweiterung. Während Otto der Reiche die Kernlande erhielt, wurde Siegfried Graf von Weimar-Orlamünde. Beide

Albrecht der Bär, Denkmal im Schlosshof Ballenstedt

hatten als Herzog von Sachsen und Pfalzgraf bei Rhein hohe Würden erlangt.
Der bedeutendste Vertreter war Albrecht der Bär, Sohn Ottos des Reichen. Unter seiner langen Herrschaft begann der Aufstieg zur Großmacht. Ausgangspunkt war die Belehnung durch Kaiser Lothar von Supplinburg 1134 als Markgraf der Nordmark. Damit erweiterte sich die Herrschaft zunächst in die Altmark, die auch als „Wiege Brandenburgs“ bezeichnet wird. 1150 erbte Albrecht das Havelland mit Brandenburg. Seit dem 11. Juni 1157 nannte er sich Markgraf von Brandenburg, was als „Geburtstag“ Brandenburg-Preußens gilt. Über Jahrhunderte hinweg sollte die Altmark zur Mark Brandenburg gehören, ehe sie 1815 zur Provinz Sachsen kam.
Die Siedlungsgebiete der Slawen östlich der Elbe wurden nach ihrer Eroberung systematisch in den askanischen Herrschaftsbereich integriert und mit Siedlern aus dem Westen des Reiches durchsetzt. Albrecht gilt damit wie zuvor Markgraf Gero als ein wichtiger Exponent der Christianisierung und deutschen Ostkolonisation. Auch der Aufschwung der traditionsreichen Altmarkstädte mit ihren vie-

len Baudenkmalen im Stil der Backsteingotik geht auf Albrecht zurück. Stendal, Gardelegen, Salzwedel, Tangermünde, Osterburg, Seehausen und Werben gehörten der mächtigen Handelsvereinigung der Hanse an.

Von großer Bedeutung war zugleich die Erlangung des Titels Herzog von Sachsen durch Albrecht 1137. Allerdings ging die Herzogswürde 1142 an den mächtigen Welfen Heinrich den Löwen verlo-

Schloss Ballenstedt, letzte Ruhestätte Albrechts des Bären

ren. Die prestigeträchtige Position, später sogar mit der Würde eines Kurfürsten verbunden, sollte aber in der nächsten Generation wieder an die Askanier zurückfallen. Erst mit dem Aussterben der kursächsischen Linie in Wittenberg gelangte der Kurfürstentitel 1423 an die Wettiner. Albrecht der Bär fand seine letzte Ruhestätte in der Krypta von Schloss Ballenstedt, der „Wiege Anhalts". Unter Albrechts Nachkommen spaltete sich der Gesamtbesitz in vier Linien als Markgrafen von Brandenburg, Herzöge von Sachsen, Grafen von Anhalt und Grafen von Weimar-Orlamünde auf. Ihr Herrschaftsbereich reichte von der Ostsee bis nach Thüringen, von Altmark und Anhalt bis ins heutige Polen. Damit hatte sich ein Machtkomplex entfaltet, der zu den einflussreichsten Herrschaften des Reiches gehörte.

Die Linie Anhalt war 1212 nach dem Tode Herzog Bernhards III. entstanden, der über die askanischen Stammlande und das Herzogtum Sachsen verfügte. Sein Sohn Albrecht wurde Herzog von Sachsen, dessen Bruder Heinrich erhielt die Stammlande. Heinrich I. benannte seinen Familienzweig nun nach der Burg Anhalt im Ostharz bei

Harzgerode und gilt als Begründer des Fürstentums Anhalt. Zugleich begann 1252 unter seinen Söhnen die Erbteilung zunächst in die Linien Anhalt-Aschersleben, Anhalt-Bernburg und Anhalt-Köthen.

Das 800. Jubiläum Anhalts 2012 verdeutlichte die Bedeutung in jenem Bundesland, das den Namen bis heute bewahrt. Sein Territorium zwischen Harz und mittlerer Elbe blieb trotz aller Teilungen weitgehend konstant. Unter Albrecht dem Bären war zunächst Aschersleben der Mittelpunkt. Zu weiteren Residenzen entwickelten sich Ballenstedt, Bernburg, Köthen und Dessau. Mit Zerbst gelang 1307 eine Ausweitung nach Norden. Dagegen fiel Aschersleben 1322 an den Bischof von Halberstadt. Damit blieben fortan die Besitzungen um Ballenstedt vom anhaltischen Hauptgebiet getrennt.

1320 erlosch die brandenburgische Linie, deren Nachfolge 1415 die Hohenzollern antraten. Das in der Goldenen Bulle 1356 zum Kurfürstentum erhobene Herzogtum Sachsen(-Wittenberg) ging 1423 an die Wettiner verloren. Bereits 1346 hatten die Grafen von Weimar-Orlamünde ihre Souveränität eingebüßt. Die Region wurde fortan durch Sachsen und Brandenburg-Preußen geprägt. Die Askanier hielten sich in deren Schatten als Herrscher von Anhalt. Ihre Fürstentümer stiegen 1806/07 zu Herzogtümern auf. Nach dem Erlöschen der Linien Köthen (1847) und Bernburg (1863) entstand das Herzogtum Anhalt mit der Hauptstadt Dessau. Machtpolitisch unbedeutend, sicherten sich die Askanier bis zur Novemberre-

Schloss Bernburg gilt als „Krone Anhalts“

volution 1918 durch kulturelle Leistungen und dynastische Verbindungen ihren Platz in der Geschichte.
Die anhaltische Residenzlandschaft bietet heute ein ambivalentes Bild. Das Gartenreich Dessau-Wörlitz zählt zum UNESCO-Welterbe, während Dessau im Zweiten Weltkrieg viel von seiner Ausstrahlung verloren hat. Die Stadt war Sitz des Fürsten Leopold I. von Anhalt-Dessau, der als „Alter Dessauer" nicht nur durch eisernen Ladestock und Gleichschritt große Bekanntheit erlangte. Um den „Haudegen" in preußischen Militärdiensten rankt sich manche Legende.
Sein Enkel Fürst Leopold III. Friedrich Franz schuf als „Fürst Franz" einen aufgeklärten Musterstaat. Am nachhaltigsten wirkte die Ausgestaltung seines Kleinstaates zu einem Gartenreich um die Schlossanlagen Wörlitz, Luisium, Georgium, Oranienbaum und Mosigkau. Der Wörlitzer Park ragt heraus als ältester Englischer Garten des europäischen Kontinents mit dem Gründungsbau des

---

Venustempel in den Wörlitzer Anlagen

deutschen Klassizismus, dem Schloss Wörlitz (1769). Wichtige Impulse kamen vom Wegbereiter der Antike-Verehrung Johann Joachim Winkelmann aus Stendal. In jenem Gartenreich fühlte sich nicht nur Johann Wolfgang von Goethe „wie im Märchen“.

In Zerbst erinnert nur eine Ruine an das Schloss, das die angehende Zarin Katharina 1744 Richtung Russland verließ. Katharina die Große herrschte von 1762 bis 1796 als Vertreterin des aufgeklärten Absolutismus von St. Petersburg aus über das größte Reich der Erde und gehört zu den bekanntesten Persönlichkeiten der Weltgeschichte.

An ihre Herkunft als Prinzessin Sophie aus dem Hause Anhalt erinnert man stolz in der einstigen Residenz, die stark von Zerstörungen im Zweiten Weltkrieg betroffen war. Stärker ihren historischen Charakter erhalten konnten sich Bernburg und Köthen. Das Bernburger Schloss über der Saale gilt als „Krone Anhalts“, das Köthener Schloss präsentiert sich u. a. als Wirkungsstätte Johann Sebastian Bachs. Der große Barockmusiker wirkte dort von 1717 bis 1723 als Kapellmeister des Fürsten Leopold. Die Residenz darf sich zugleich als Stadt der

Sprachpflege, Ornithologie und Homöopathie bezeichnen, in der Samuel Hahnemann im 19. Jahrhundert die Grundlagen der Alternativmedizin legte. Auch in kleinen Residenzen wie Ballenstedt, Harzgerode und Plötzkau haben sich Kulturdenkmale erhalten. Ballenstedt verfügt als „Wiege Anhalts“ über einen bemerkenswerten Komplex mit Schloss, Schlosspark von Peter Joseph Lenné und ältestem Schlosstheater des Landes.

Bachdenkmal vor dem Bachhaus in Köthen

Geistliche Herrschaften

Im Mittelalter konnten sich die vier geistlichen Herrschaften im heutigen Sachsen-Anhalt – das Erzstift Magdeburg und die Hochstifte Halberstadt, Naumburg/Zeitz und Merseburg – als Reichsstände zwischen den mächtigen Herrscherhäusern der Region behaupten. Besonders Magdeburg und Halberstadt bauten beachtliche Territorien auf. Ihre Herrschaftsmittelpunkte entwickelten sich zu repräsentativen Residenzen mit beeindruckenden Sakralbauwerken, allen voran die Dome von Magdeburg, Halberstadt, Merseburg und Naumburg. Kunstschätze zeugen von Macht und Reichtum der geistlichen Herrscher. So gilt der Domschatz von Halberstadt mit seinen prächtigen liturgischen Gewändern, Bronze- und Goldschmiedewerken, Skulpturen und Altarbildern als einer der wertvollsten weltweit. Er ist in den historischen Räumen der Domklausur

zu bestaunen. Der Magdeburger Dom steht ebenso für die ambitionierten Anfänge der Stadt unter Otto dem Großen, wie für das mächtige Erzbistum Magdeburg. Er zählt als älteste Kathedrale der Gotik auf deutschem Boden zu den herausragenden Baudenkmalen des Landes. Die dreischiffige Kreuzbasilika wurde ab 1207 gebaut, 1363 als Ka-

---

Domplatz in Halberstadt

thedrale geweiht und mit der Fertigstellung der Türme 1520 abgeschlossen. Erinnert wird hieran auch im Dommuseum Ottonianum.

Über Jahrhunderte konkurrierten die Nachbarn Sachsen und Brandenburg-Preußen um Einfluss auf diese florierenden Fürstentümer. Nach dem Westfälischen Frieden 1648 ging das Erzstift Magdeburg als Herzogtum und das Hochstift Halberstadt als Fürstentum im brandenburgischen Staat auf. Sie profitierten nach den Verheerungen des Dreißigjährigen Krieges von der Wirtschaftspolitik und religiösen Toleranz. Zugleich dehnte man die straffe Militärorganisation auf die Region aus. Magdeburg wurde zu einer der größten Festungen ausgebaut, die am wichtigen Elbübergang das Kernland mit Berlin Richtung Westen schützen sollte.

In Naumburg/Zeitz und Merseburg behielten die Wettiner die Oberhand. 1541 wurde der Theologe Nikolaus von Amsdorf, der „Reformator Magdeburgs“, zum Bischof in Naumburg ernannt. 1544 trat Fürst Georg von Anhalt sein Amt als Bischof in Merseburg an. Nach dem Tode des letzten katholischen Bischofs von Merseburg 1561 setzte sich die Reformation dort endgültig durch und wenig später fiel das Territorium ebenso wie Naumburg/Zeitz an Kursachsen.

Dom und Schlossensemble Merseburg

Lutherland und Reformation

Martin Luther gilt als eine der größten und zugleich umstrittensten Persönlichkeiten der Weltgeschichte. Der Wittenberger Mönch und Professor schob mit der Reformation 1517 eine der folgenreichsten geistigen Erneuerungsbewegungen an. Obwohl es ihm um eine Reform der Kirche ging, entstand im Ergebnis die evangelische Kirche in Abgrenzung zur katholischen Kirche. Für alle Protestanten ist das „Lutherland" Sachsen-Anhalt ein zentraler Erinnerungsraum. Während die Lutherstadt Wittenberg als Ursprungsort der Reformation gilt, finden sich die biographischen Wurzeln des Reformators in den Lutherstädten Mansfeld und Eisleben.

Seit 1946 führt Eisleben als Geburts- und Sterbeort den Namen Lutherstadt. Hier kam Luther (nach nicht ganz sicherer Überlieferung) am 10. November 1483 zur Welt. Der Vater Hans Luder stammte aus Thüringen und hatte im Mansfelder

Sterbehaus Martin Luthers in Eisleben

Land eine Karriere als Bergbauunternehmer gestartet. Die Stadt in der Grafschaft Mansfeld blieb allerdings nur knapp ein Jahr die Heimat des jungen Luthers, da die Familie ins nahe Mansfeld umzog. Luther besuchte seine Geburtsstadt später immer wieder, letztmals zur Schlichtung von Rechtsstreitigkeiten der Grafen von Mansfeld. Hierbei schloss sich 1546 sein Lebenskreis.
Das Eislebener Geburts- und das Sterbehaus Luthers, jeweils als Museum erlebbar, zählen zusammen mit den Gedenkstätten in Wittenberg seit 1996 zum UNESCO-Weltkulturerbe. Die Gedenkstätte „Luthers Elternhaus" in Mansfeld erinnert an Kindheit und Jugend. Die Kleinstadt am Fuße des auf einer Anhöhe thronenden Schlosses der Grafen von Mansfeld hat sich ebenfalls ganz der Erinnerungskultur verschrieben und 1996 den Beinamen Lutherstadt gegeben.
Der weitere Lebensweg Luthers ist aufs engste mit dem Adelsgeschlecht der Wettiner verknüpft. Diese blieben auch nach der Leipziger Teilung von

---

Lutherbrunnen in Mansfeld

HINAUS IN DIE WELT
IHREM GROSSEN SOHNE
DIE STADT MANSFELD

1485 mit der Aufspaltung in die Familienzweige der Ernestiner und Albertiner eines der mächtigsten Herrscherhäuser des Reiches. Unter den Kurfürsten Friedrich der Weise, Johann der Beständige und Johann Friedrich der Großmütige wurden die Ernestiner zur Schutzmacht der Reformation.

Der Augustinermönch Luther siedelte 1511 von Erfurt in die kursächsische Residenz Wittenberg über. Hier mündete sein theologisches Ringen in die Erkenntnis, dass der Mensch nur durch den Glauben an einen gnädigen Gott und nicht durch kirchliche Vermittlung Erlösung erlange. Nach dem später zum Auslöser der Reformation verklärten Anschlag der Thesen gegen den Ablasshandel an die Schlosskirche am 31. Oktober 1517 rückte Friedrich der Weise zum Schutzherrn Luthers auf, seit 1512 Professor an der jungen Universität Wittenberg (1502).

Ohne Friedrichs Unterstützung hätte das reformatorische Gedankengut kaum seine Wirkungskraft entfalten können. Immer stärker geriet der Reformator ins Fadenkreuz der altgläubigen Kräfte um Papst und Kaiser. Auf dem Reichstag zu Worms 1521 wurde über ihn

---

Lutherhaus in Wittenberg

die Reichsacht verhängt. Es folgte die Scheinentführung auf die Wartburg, wo Luther als „Junker Jörg“ getarnt 1521/22 das Neue Testament ins Deutsche übersetzte. Hiermit legte er eine weitere wesentliche Grundlage für die Ausbreitung seiner Vorstellungen.
Luther konnte fortan in Wittenberg die Ausbreitung seiner Lehren unbehelligt betreiben. Hieran erinnert insbesondere das Lutherhaus im ehemaligen Augustinerkloster. Das säkularisierte „schwarze Kloster“ ging 1532 in den Besitz Luthers über, der hier mit seiner Frau Katharina von Bora ein gastfreies Haus hielt. Es fungiert heute als authentische Gedenkstätte und modernes Museum mit der größten reformationsgeschichtlichen Sammlung der Welt.
In Wittenberg lebten zugleich viele Mitstreiter wie Philipp Melanchthon. Dieser fand mit Luther in der Schlosskirche seine letzte Ruhestätte und ist neben dem Reformator auf dem Doppeldenkmal am Markt von Johann Gottfried Schadow und

---

Lutherdenkmal auf dem Markt in Wittenberg

LUTHER
2017

Karl Friedrich Schinkel von 1821 zu sehen. An ihn erinnert auch das Museum Melanchthonhaus. Lucas Cranach der Ältere gab als Hofmaler in Wittenberg dem Reformator Martin Luther, dessen Weggefährten und fürstlichen Schirmherren buchstäblich ein Gesicht. Sein Sohn Lucas Cranach der Jüngere setzte die Cranach-Werkstatt erfolgreich fort, woran heute die Cranach-Höfe erinnern.

Auch der aus Stolberg stammende Thomas Müntzer gehörte ursprünglich zu den Anhängern Luthers und war als Prediger in Allstedt tätig. Seine radikale Theologie führte jedoch zum Bruch mit dem Reformator und mündete in den Bauernkrieg. 1525 unterlagen die Bauern in der Entscheidungsschlacht bei Frankenhausen gegen ein Fürstenheer. Bis zu 6.000 Bauern sollen bei dem blutigen Gemetzel den Tod gefunden haben.

Viele Herrscherhäuser hatten bis Mitte des 16. Jahrhunderts das neue Bekenntnis aufgegriffen. Dabei kamen ihnen die von Luther autorisierte Erhebung zu faktischen Bischöfen und der Aufbau von Landeskirchen bei der Ausbildung neuzeitlicher Staatlichkeit sehr entgegen. Vom

Augsburger Religionsfrieden 1555 wurde schließlich unter der Formel „Cuius regio, eius religio“ sanktioniert, dass der Landesherr die Religion seiner Untertanen bestimmen kann.
Die Region gehörte fortan zum protestantischen Kulturraum Mittel- und Nordeuropas. Drittes Reich und DDR-Zeit sowie die jüngste Entwicklung führten jedoch zu einem dramatischen Schwund. Heute sind rund 80 Prozent der Bürger Sachsen-Anhalts konfessionslos, nur 16 Prozent bekennen sich zum christlichen Glauben. Knapp 13 Prozent sind Protestanten, vor allem in der Evangelischen Kirche in Mitteldeutschland und der Evangelischen Landeskirche Anhalts.

Ein Symbol evangelischer Christen – die Lutherrose

Metropolen Magdeburg und Halle

Neben den Fürsten der Region haben die Bürger der Metropolen Magdeburg und Halle die Geschichte Sachsen-Anhalts maßgeblich mitgeprägt. Den Aufschwung der beiden heutigen Großstädte des Landes verdankten diese zwar auch der Funktion als Herrschaftssitz der Magdeburger Erzbischöfe, doch sie erlangten ein hohes Maß an Unabhängigkeit. Magdeburg besaß seit dem 13. Jahrhundert sogar reichsstadtähnliche Autonomie, weshalb der Erzbischof zeitweise seine Residenz nach Halle verlegte. Grundlage war Magdeburgs wirtschaftliche Prosperität. Es hatte sich zu einem bedeutenden Hanse-Mitglied entwickelt, war Knotenpunkt wichtiger Fernhandelsstraßen und der Elbeschifffahrt. Dank des Stapelrechts monopolisierte man den

Getreidehandel im fruchtbaren Mittelelberaum, weshalb die Stadt auch „Brothaus der Hanse“ genannt wurde. Magdeburg gehörte mit bis zu 30.000 Einwohnern zu den größten Städten des Reiches. Nach der Reformation wurde es eine Hochburg des Protestantismus.

Magdeburger Rathaus am Alten Markt

Ein schwerer Rückschlag war die Zerstörung im Dreißigjährigen Krieg durch die kaiserlichen Truppen unter Feldherr Tilly 1631. Bei jener „Magdeburger Hochzeit“, die als schlimmstes Gemetzel des Krieges in die Geschichte einging, sollen bis zu 20.000 Bürger ums Leben gekommen sein, ein Brand zerstörte große Teile der Stadt. Der Begriff Magdeburger Hochzeit geht auf die zynische Vorstellung zurück, mit der blutigen Eroberung habe sich der katholische Kaiser mit der Jungfrau Magdeburg vermählt, die bis heute das Stadtwappen zeigt.

Seine bisherige Position sollte Magdeburg nach 1631 nicht wiedererlangen. Hierzu trug auch der parallele Aufstieg Leipzigs zur beherrschenden Handels- und Messestadt Mitteldeutschlands bei. Kaiserliche Messeprivilegien hatten an der Schwelle zur Neuzeit um 1500 hierzu den Grundstein gelegt und damit Magdeburg ausgebremst.

Auch die Hoffnungen auf den Status einer Freien Reichsstadt wurden bei den Verhandlungen zum Westfälischen Frieden 1648 enttäuscht. Bemüht hatte sich hierum der berühmte Naturwissenschaftler Otto von Guericke, Bürgermeister und Chefdiplomat. Nach dem Erforscher des Luftdrucks, der durch seinen spektakulären Versuch mit den „Magdeburger Halbkugeln" 1657 in die Geschichte einging, ist die Universität Magdeburg benannt.

Denkmal für Otto von Guericke in Magdeburg

Der Friedensvertrag 1648 schrieb das einstige Erzstift als Herzogtum Magdeburg dem Kurfürstentum Brandenburg zu. Zwar blieb noch bis 1680 Herzog August von Sachsen-Weißenfels formell Administrator, doch schon 1666 zwang der „Große Kurfürst“ Friedrich Wilhelm die Magdeburger zum Verzicht auf alle Reichsstadt-Ambitionen. Nach dem Aufgehen in Brandenburg-Preußen wurde Magdeburg vor allem als Festung und Garnison ausgebaut. Im 19. Jahrhundert stieg die Hauptstadt der Provinz Sachsen zur modernen Industriegroßstadt auf, was ihr erneut eine beherrschende Stellung in der Region eintrug.
Halles Aufwärtsentwicklung war eng mit dem Salzhandel verbunden. Die reichen Erträge aus dem Verkauf des „Weißen Goldes“ lagen zunächst in der Hand der Erzbischöfe. Seit der Wende zum 13. Jahrhundert bildete sich die Innung der Pfänner heraus, die Salzgewinnung und -handel an sich zogen. Die von ihnen geführte Bürgerschaft erwarb sich weitgehende Autonomie. Halle stieg

---

Marienkirche und Roter Turm am Marktplatz in Halle

zur Handels- und Hansestadt mit bis zu 7.000 Einwohnern auf. Symbol dieser Blütezeit ist der Rote Turm mit dem Roland am Marktplatz aus dem 15. Jahrhundert. Er prägt zusammen mit der Marktkirche die Silhouette der „Stadt der fünf Türme“.

Im ausgehenden Mittelalter verstärkten jedoch die Erzbischöfe, meist von den Wettinern oder Hohenzollern gestellt, ihren Zugriff auf die Stadt. Ernst von Wettin, jüngerer Bruder Friedrichs des Weisen, konnte als Erzbischof von Magdeburg und Administrator von Halberstadt den Machtanspruch untermauern. Ihm gelang 1478 die Unterwerfung Halles. Neue Residenz wurde die Moritzburg, benannt nach dem Schutzheiligen des

Erzbistums St. Mauritius. Im Dreißigjährigen Krieg wurde sie teilweise zerstört und später von den Preußen militärisch genutzt. 1904 begann der Aufstieg zum renommierten Kunstmuseum.
Nach dem Tode Ernsts 1513 wurde auf Betreiben von Kurfürst Joachim I. von Brandenburg dessen jüngerer Bruder Albrecht Erzbischof von Magde-

---

Universitätsplatz in Halle

burg und Bischof von Halberstadt sowie Erzbischof von Mainz. Diese teure Ämterhäufung war es, die Albrecht von Brandenburg zur exzessiven Praxis des Ablasshandels veranlasste. So sollten der Bau des Petersdomes in Rom unterstützt und seine gewaltigen Schulden getilgt werden. Damit gab er Luther den Anlass für seine Thesen von 1517. Der schillernde Renaissancefürst und Kulturmäzen machte Halle freilich auch zu einem Kulturzentrum von europäischem Rang.
Auch nach Albrechts Tod 1545 wurde das geistliche Fürstentum meist von Hohenzollern beherrscht. Sie residierten in der 1531 im Stil der Renaissance errichteten Neuen Residenz in Halle. Große Teile ihres Gebietes wurden von der Reformation erfasst. Schon die gegenreformatorischen Bemühungen Albrechts, etwa mit einer katholischen Reformuniversität in Halle, waren gescheitert. Er hatte 1541 gegen hohe Geldzahlungen seinen Untertanen freie Religionsausübung zugestehen müssen und verließ die Stadt. Nach 1648 gelangte auch Halle an Brandenburg-Preußen. Ging damit die Autonomie endgültig verloren, so erlebte die Stadt doch weitere kulturelle Höhe-

punkte. Die 1694 gegründete Universität gehörte zu den Zentren protestantisch-aufklärerischen Geistes, verbunden mit Namen wie Christian Thomasius und Christian Wolff. Heute präsentiert sich die Martin-Luther-Universität Halle-Wittenberg als größte Hochschule Sachsen-Anhalts. Zugleich darf sich die Stadt seit 2008 Sitz der Leopoldina – Nationale Akademie der Wissenschaften nennen. Der Theologe und Universitätsprofessor August Hermann Francke begründete 1698 die Franckeschen Stiftungen. Ausgehend von einem

Franckesche Stiftungen in Halle

Waisenhaus entwickelten diese sich zu einem einzigartigen Bildungskosmos von internationalem Rang.
Der bekannteste Sohn Halles ist Georg Friedrich Händel. Der mit Johann Sebastian Bach bedeutendste deutsche Barockmusiker wurde 1685 an der Saale geboren. Hier begann er ein Jurastudium, erhielt aber auch früh eine musikalische Ausbildung. Rasch machte Händel auf sich aufmerksam und bekam 1702 die Stellung des Organisten am Dom. Nach eigener Aussage waren die Jahre in seiner Heimatstadt bereits von produktiver Kompositionstätigkeit erfüllt.
1703 verließ Händel Halle und startete eine erfolgreiche Musikerkarriere. Sie gipfelte von 1714 bis 1759 in London, wo als Auftragswerke für den britischen Hof Meisterwerke wie die „Wassermusik" und „Feuerwerksmusik" sowie das Oratorium „Der Messias" entstanden. George Frideric Handel wird bis heute in Großbritannien als Klassiker verehrt. In seiner Vaterstadt, die sich stolz als Händelstadt präsentiert, ist der Barockmusiker allgegenwärtig. Das Händeldenkmal auf dem Marktplatz aus dem 100. Todesjahr 1859, auch mit

britischen Spendengeldern errichtet, gehört zu den Ikonen der deutschen Kulturnation. Das Händelhaus zieht als Geburtshaus und modernes Musikmuseum Besucher aus nah und fern an. Die 1922 erstmals veranstalteten Händel-Festspiele sind nicht nur das größte Musikfest Sachsen-Anhalts, sondern zählen längst zu den renommiertesten Festspielen in Deutschland. Auch die wissenschaftliche Pflege des Händel-Erbes hat an der Saale ihre Heimat.

Händelhaus in Halle

Die Preußische Provinz Sachsen

Französische Revolution und Napoleonische Zeit 1789–1815 brachten durchgreifende Veränderungen in Deutschland, die sich auch auf das heutige Sachsen-Anhalt auswirkten. Preußen stieg mit dem Wiener Kongress 1815 endgültig zur Vormacht auch in Mitteldeutschland auf. Sachsen hatte Napoleon bis zur Völkerschlacht bei Leipzig 1813 die Treue gehalten, was ihm nun mehr als die Hälfte seines Gebietsstandes kostete. Jene „neupreußischen" Gebiete um Sangerhausen, Merseburg, Naumburg und Zeitz wurden zusammen mit den „altpreußischen" Besitzungen von Halle bis zur Altmark in der Provinz Sachsen mit der Hauptstadt Magdeburg zusammengefasst.

Ständehaus in Merseburg

Die Verwaltung untergliederte sich in die Regierungsbezirke Magdeburg, Merseburg und Erfurt mit den thüringischen Teilen der Provinz. Die beiden ersteren umfassten im Wesentlichen den

Norden und Süden des heutigen Bundeslandes, voneinander getrennt durch die anhaltischen Herzogtümer. In der Festungsstadt Magdeburg residierten der Oberpräsident der Provinz und der Regierungspräsident des nördlichen Regierungsbezirks, zu dem die seit Jahrhunderten zur Mark Brandenburg gehörende Altmark geschlagen wurde.

Das bisher sächsische Merseburg hatte im Süden in integrativer Absicht den Vorzug vor dem „altpreußischen" Halle bekommen und wurde auch Sitz des seit 1825 tagenden Provinziallandtags. Sitz der Bezirksregierung wurde das Schloss der geschichtsträchtigen Bischofs- und Residenzstadt, der Landtag trat zunächst im Schlossgartensalon und seit 1895 im repräsentativen Ständehaus zusammen. Mit den Regierungsbezirken Magdeburg und Merseburg war die territoriale Basis für das heutige Sachsen-Anhalt gelegt.

Eine gewisse Sonderrolle spielte die Altmark, die bis 1815 zu Brandenburg gehört hatte. Die Altmärker blieben lange in vielerlei Hinsicht eher auf Brandenburg orientiert bzw. pflegten ihr ausgeprägtes Eigenbewusstsein. So schickten sie keine

Abgeordneten in den Merseburger Provinziallandtag, sondern verfügten bis 1927 über einen eigenen Kommunallandtag der Altmark in Stendal.

Die neue Provinz Sachsen besaß für Preußen an der West- und Südflanke seines Kerngebietes

Wappen der Provinz Sachsen von 1927

große strategische Bedeutung. Magdeburg wurde weiter als befestigtes Bollwerk ausgebaut. Überall wurden Garnisonen angelegt. Preußen nahm fortan starken Einfluss auf die politische und wirtschaftliche Entwicklung. Insbesondere aber entwickelte die allmählich zusammenwachsende Provinz als Kernraum der Industrialisierung eine gewisse Anziehungskraft.

Auch im Kulturbereich entstanden neue Strukturen. So baute man die Universität Halle zur modernen Hochschule für die Provinz aus. 1817 entstand durch Zusammenschluss mit Luthers Alma Mater die Universität Halle-Wittenberg. In vielen Bereichen war man bemüht, die „Neupreußen“ an das Königreich der Hohenzollern zu binden. Eine nicht unwichtige Rolle spielte die 1876 gegründete Historische Kommission. Mit dem Beitritt Anhalts 1900 zur Historischen Kommission für die Provinz Sachsen und das Fürstentum Anhalt erweitert, wies sie bereits auf die Historische Kommission für Sachsen-Anhalt voraus. Ähnlich ist aus dem 1882 gegründeten Provinzialmuseum das Landesmuseum in Halle hervorgegangen.

Aufbruch in die Moderne

Die industriell-urbane Moderne fand im heutigen Sachsen-Anhalt eines ihrer frühen Zentren. Dies zeigte sich schon in der Revolution 1848/49, als Liberale und Demokraten einen Nationalstaat erstrebten. Scheiterte dieser Anlauf auch, so entwickelte sich die Region seit Mitte des 19. Jahrhunderts und insbesondere nach der Reichsgründung von 1871 dennoch zu einer modernen Industrielandschaft. Bis 1914 wurden etwa aus den beiden alten Handelsstädten Magdeburg und Halle prosperierende Großstädte, deren Einwohnerzahl von 85.000 auf 280.000 bzw. von 53.000 auf 185.000 sprunghaft anstieg.

Im Selbstverständnis des heutigen Bundeslandes spielt dies eine wichtige Rolle. So fand die erste Landesausstellung „Mittendrin. Sachsen-Anhalt in der Geschichte“ 1998 im stillgelegten Kraftwerk Vockerode bei Dessau statt, einem wichtigen Industriedenkmal. Sie spannte den Bogen von den ottonischen Königen und Kaisern und der Reformation bis hin zur Großindustrie des 20. Jahrhunderts.

Prägend war die Verbindung klassischer Industrie mit reichen Bodenschätzen. Allen voran wirkte die in riesigen Tagebauen abgebaute Braunkohle als Katalysator der Industrialisierung und späteres Rückgrat der DDR-Wirtschaft. Erinnerungsorte wie das Industriemuseum Ferropolis bei Gräfenhainichen machen dies ebenso erlebbar, wie die

Schaufelradbagger im Industriemuseum Ferropolis

mittlerweile weitgehend renaturierten Bergbaufolgelandschaften – allen voran der Geiseltalsee bei Merseburg als größter künstlicher See Deutschlands und der Große Goitzschesee bei Bitterfeld.

Eine weit zurück reichende Tradition besitzt die Salzgewinnung, deren Geschichte im Halloren- und Salinemuseum Halle präsentiert wird. Staßfurt gilt als „Wiege des Kalibergbaus“, wo 1852 die ersten Kalischächte der Welt angelegt wurden. Stein- und Kalisalzförderung mit den Großstandorten Bernburg und Zielitz sind noch immer wichtige Wirtschaftszweige. Das Mansfelder Land wurde bis weit ins 20. Jahrhundert vom Kupferbergbau rund um Mansfeld, Eisleben und Sangerhausen mit seinen Bergwerken und Verhüttungsbetrieben geprägt.

Daneben entwickelte sich die Provinz Sachsen zur modernen Agrarregion, so dass nicht zufällig 1862 an der Universität Halle mit Julius Kühn der erste Professor für Landwirtschaft berufen

wurde. Vor allem galt die Provinz als Zentrum von Zuckerrübenanbau und -verarbeitung. Bis heute gehört Sachsen-Anhalt mit den Fabriken in Zeitz und Klein Wanzleben zu den größten Zuckerproduzenten Deutschlands.
Wichtige Impulse kamen immer wieder von modernen Verkehrsmitteln, wie dem Eisenbahnbau seit den 1840er-Jahren mit der ersten elektrifizierten Strecke Deutschlands von Bitterfeld nach Dessau 1911, der Autobahn seit den 1930er-Jahren und dem Mittellandkanal 1938 mit dem 2003 fertiggestellten Wasserstraßenkreuz Magdeburg. Auf dieser Grundlage entwickelte sich eine vielgestaltige Industrielandschaft. Heraus ragt u. a. der Maschinenbau in Magdeburg. Aus Gründerzeitunternehmen wie Wolf und Gruson wurde das Schwermaschinebau-Kombinat „Ernst Thälmann“ (SKET). Dieses war Trägerbetrieb des 1. FC Magdeburg, der in den „Goldenen Siebzigern“ 1974 als einziger DDR-Fußballclub den Europapokal gewinnen

konnte. In Dessau gründete Hugo Junkers 1895 ein Gerätebau-Unternehmen, aus dem sich seit den 1920er-Jahren der bedeutendste Flugzeugbauer Deutschlands entwickelte. Hieran erinnert das Technikmuseum „Hugo Junkers", wo auch der Klassiker Ju 52 (1932), die legendäre „Tante Ju", zu sehen ist.

Halloren- und Salinemuseum in Halle

Einer der jüngeren profilprägenden Zweige ist die Chemische Industrie mit Großstandorten wie Bitterfeld (Elektrochemie), Wolfen (Filmherstellung Agfa/ORWO), Piesteritz (Stickstoff), Leuna (Ammoniak, Petrochemie) und Schkopau (Synthesekautschuk, „Plaste und Elaste"). Chemie sollte in der DDR „Brot, Wohlstand und Schönheit" bringen. Hierfür wurde das „Chemiedreieck" Leuna-Buna-Bitterfeld im „Chemiearbeiterbezirk" Halle massiv ausgebaut. 1964 begann der Bau von Halle-Neustadt für die Großbetriebe Leuna und Buna, das wohl bekannteste Plattenbaugebiet der DDR für mehr als 90.000 Einwohner.

Das 1919 in Weimar von Walter Gropius gegründete Bauhaus gilt als Wiege der kulturellen Moderne in Architektur, Kunst und Design.

In Dessau erlebte die avantgardistische Reformhochschule von 1925 bis 1932 unter dem liberalen Ministerpräsidenten des Freistaates Anhalt Heinrich Deist und Oberbürgermeister Fritz Hesse ihren Höhepunkt. Erinnerungsorte wie das Hauptgebäude (1926) von Walter Gropius und die Meisterhäuser gehören heute zum UNESCO-Weltkulturerbe. Im Jubiläumsjahr 2019 wurde ein neues Museum für die bedeutende Sammlung der Stiftung Bauhaus Dessau eröffnet.

In Sachsen-Anhalt finden sich freilich auch dunkle Spuren aus dem Dritten Reich 1933–1945. Die NSDAP-Gaue Magdeburg-Anhalt und Halle-Merseburg blieben nicht von den Verbrechen der NS-Diktatur verschont. Hieran erinnern ehemalige Konzentrations- und Zwangsarbeiterlager ebenso, wie die Euthanasie-Gedenkstätte in der Heilanstalt Bernburg. Die Luftangriffe im Zwei-

---

Ju 52 im Technikmuseum „Hugo Junkers" Dessau

ten Weltkrieg brachten in den Großstädten Magdeburg und Dessau, aber auch in Halberstadt, Zerbst und Merseburg flächendeckende Zerstörung und viele Todesopfer. Zum Widerstand gehörte u. a. der Dessauer Sozialdemokrat Gerhart Seger, dessen Flucht aus dem KZ Oranienburg Anna Seghers Roman „Das siebte Kreuz" (1942) inspirierte.

Hauptgebäude des Bauhauses Dessau

DDR-Literaturgeschichte wurde 1959 im Kulturhaus Bitterfeld geschrieben. Jener „Bitterfelder Weg“, der die stärkere Einbeziehung der Arbeiter in die Kultur zum Ziel hatte, endete zwar in der Sackgasse. Dennoch entstanden wichtige Werke aus der Lebenswelt der Arbeiter im Bezirk Halle, wie „Der geteilte Himmel“ (1963) von Christa Wolf, „Flugasche“ (1981) von Monika Maron und nach dem Erfolgsroman von Erik Neutsch der Film „Spur der Steine“ (1966). Letzterer war freilich in der DDR-Zeit verboten und verweist auf die restriktive Kulturpolitik der Staatspartei SED.

Nach der deutschen Wiedervereinigung 1990 wandelte sich die Wirtschaftsstruktur erheblich. Große Teile der verstaatlichten Industrie und anderer Branchen fielen Treuhand und Marktwirtschaft zum Opfer. Das machte sich in hohen Arbeitslosenzahlen und einem Bevölkerungsrückgang von 2,9 Mio. Einwohnern (1990) auf 2,2 Mio. (2020) bemerkbar. Auch die beiden Großstädte Halle (238.000 Einwohner) und Magdeburg (237.000 Einwohner) hatten einen erheblichen Schwund zu verkraften, die drittgrößte Stadt Dessau verlor sogar, trotz Fusion mit Roßlau 2007, ihren Großstadtstatus (80.000 Einwohner). Andererseits wurden wichtige industrielle Kerne etwa der chemischen Industrie erhalten, gewannen Dienstleistungs-, Verwaltungs- und Bildungssektor an Bedeutung,

---

Kulturpalast in Bitterfeld

verbesserten Infrastrukturprojekte wie die zentrale Autobahn A14 zwischen Halle und Magdeburg die äußeren Rahmenbedingungen. Und nicht zuletzt sorgten große Anstrengungen bei der Sanierung der Städte und Gemeinden sowie im Umweltschutz für eine Steigerung der Lebensqualität. Dies war für eine Region umso wichtiger, die von der Umweltzerstörung in der DDR besonders betroffen war und mit Bitterfeld einen zentralen Symbolort besaß.

Das Land Sachsen-Anhalt

Seit dem Wiener Kongress 1815 bestand die Region im Wesentlichen aus der preußischen Provinz Sachsen und dem Herzogtum bzw. Freistaat Anhalt. Mit der Novemberrevolution 1918 und dem Ende der Monarchien setzten Neugliederungspläne für Deutschland ein, die sog. Reichsreformdebatten. Mitteldeutschland stand hierbei besonders im Fokus. Einige der Vorschläge nahmen die heutige Situation bereits voraus. So plädierte der Landeshauptmann der Provinz Sachsen Ehrhard Hübener 1929 für die drei Länder Sachsen, Sachsen-Anhalt und Thüringen innerhalb eines engeren regionalen Verbundes. Die immer wieder die Gemüter erhitzenden, Debatten wurden nach der „Machtergreifung" der Nationalsozialisten 1933 von Adolf Hitler eingefroren. Mit dem Ende des Zweiten Weltkrieges 1945 und der faktischen Auflösung Preußens entstand in der Sowjetischen Besatzungszone und späteren DDR (1949) erstmals ein weitgehend dem heutigen entsprechendes Land aus der Provinz Sachsen (ohne den Regierungsbezirk Erfurt) und dem Land Anhalt.

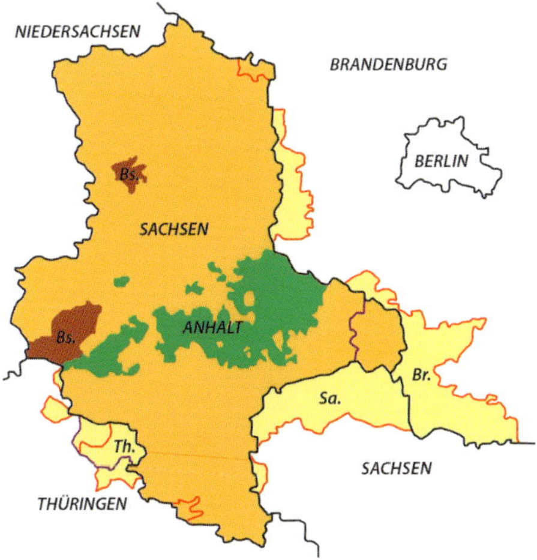

Sachsen-Anhalt entstand 1945 aus der Provinz Sachsen (dunkel- und hellgelb), dem Land Anhalt und Teilen des Landes Braunschweig (Bs.). Die hellgelb markierten Gebiete fielen 1952 an die Nachbarbezirke in den heutigen Ländern Brandenburg (Br.), Sachsen (Sa.) und Thüringen (Th.), die schwarze Grenzlinie markiert das Bundesland von 1990.

Ein zentraler Akteur hierbei war Erhard Hübener. Von 1924 bis 1933 hatte der liberale Landeshauptmann der Provinzverwaltung vorgestanden. Von den Nationalsozialisten aus dem Amt gedrängt, verkörperte er eine unbelastete Führungspersönlichkeit. 1945 berief man ihn zum Präsidenten der Provinz Sachsen-Anhalt, die 1947 in Land Sachsen-Anhalt umbenannt wurde. 1946 wählten LDPD und CDU Hübener zum einzigen nicht der SED angehörenden Ministerpräsidenten in der Sowjetischen Zone. Dieses Amt übte er bis 1949 aus.

1952 wurden in der DDR die Länder aufgelöst. Sachsen-Anhalt zerfiel in die Bezirke Halle und Magdeburg. Die friedliche Revolution 1989 ließ die Länder zurückkehren, und mit der deutschen Wiedervereinigung am 3. Oktober 1990 trat das Bundesland Sachsen-Anhalt aus den beiden Bezirken ins Leben. Der Bezirk Halle hatte den Kreis Artern an Thüringen abgegeben und dafür den Kreis Jessen aus Brandenburg hinzubekommen. Bei der Hauptstadt-Frage setzte sich nach emotionalen Debatten Magdeburg gegen Halle durch.

Von 1945 bis 1952 hatte das im Krieg weniger stark zerstörte Halle als Landeshauptstadt fungiert. Ein „Stenogramm der Geschichte" bietet das Wappen von 1991: „Das Landeswappen zeigt im geteilten Schild, oben neunmal geteilt, die Farben gold über schwarz, schrägrechts belegt mit einem grünen Rautenkranz sowie links (…) im silbernen

Landeswappen von Sachsen-Anhalt

Freifeld einen schwarzen Adler mit goldener Bewehrung und roter Zunge. Das untere Feld zeigt in Silber einen schreitenden schwarzen Bären auf einer schwarzgefugten roten Zinnenmauer mit offenem Tor.“ Der Rautenkranz erinnert an die lange Zugehörigkeit großer Teile im Süden zu Sachsen, die dann in der gleichnamigen preußischen Provinz aufgingen. Für Preußen selbst, mit der Altmark seit dem Mittelalter im Norden vertreten, steht der schwarze Adler. Der askanische Bär schließlich verkörpert Anhalt.

Das heutige Bundesland, mit seinen 20.452 km² Fläche und 2,2 Millionen Einwohnern an achter bzw. zehnter Stelle in Deutschland rangierend, hat über das bisher Geschilderte hinaus noch eine ganze Reihe weiterer historisch-kultureller Highlights zu bieten, die es auch zu einem immer beliebteren Tourismusziel manchen.

Zugpferde sind der Harz mit dem sagenumwobenen Brocken, die malerische Fachwerkstadt Wernigerode, die Burg Falkenstein, wo Eike von Repgow vermutlich den Sachsenspiegel verfasste, das Saale-Unstrut-Gebiet mit der Welterbestätte Naumburger Dom und der Eliteschule Schulpforta, die Gedenkstätte für Gustav II. Adolf bei Lützen, der „Freundschaftstempel" des Dichters Gleim in Halberstadt, der Magdeburger Freiheitsgeneral

Blick vom Schloss Wernigerode zum Brocken

Steuben, weltweit bekannt durch die Steuben Parade in New York, das Familiengut des „Eisernen Kanzlers" Bismarck in Schönhausen, die ländlich geprägte Altmark mit ihren alten Hansestädten voller Backsteingotik u. v. a. m.

Literaturhinweise

Steffen Raßloff: Sachsen-Anhalt. 55 Highlights aus der Geschichte. Erfurt 2020.

Steffen Raßloff: Mitteldeutsche Geschichte. Sachsen – Sachsen-Anhalt – Thüringen. Markkleeberg 2019 (2. Auflage).

Mathias Tullner: Geschichte Sachsen-Anhalts. München 2008.

Stendal gehört zu den Hansestädten der Altmark

e Rhino-Westentaschen-Bibliothek

RHINOVERLAG